R. Ghetti

# LEÇONS DE JUDO

ÉDITIONS DE VECCHI S.A.
52, rue Montmartre
75002 PARIS

*À Mirella, ma mère, et Pape*

L'auteur remercie pour leur aimable collaboration A. Colombo, P. Bardoni, R. Carancini, D. Jannelli et M. Settimio.

*Photos de M. Giberti*

*Traduction de Marie-Christine Bonnefond*


Imprimé en Italie

# INTRODUCTION

L'objectif de ce livre est de faire découvrir de façon complète et simple le judo, discipline à la fois martiale et sportive, excellente pour les jeunes, tant sur le plan éducatif que physique. Ce livre est largement illustré et propose à chaque fois des commentaires avec les termes techniques spécifiques. Dans l'encadré ci-dessous, vous trouverez quelques indications sur la prononciation des termes japonais. La classification que nous avons choisie est celle de la méthode Judo Kodokan de Tokyo, siège japonais du judo et point de référence sur le plan technique pour tous les pratiquants du monde.
Mais, quoi qu'il en soit, si vous souhaitez mieux connaître et approfondir la pratique et l'étude du judo, il ne reste qu'à vous inscrire dans un club affilié à la Fédération française de judo.

## COMMENT UTILISER CE LIVRE

La coutume est d'expliquer et de décrire les techniques en employant des termes japonais dont la traduction apparaît entre parenthèses.
Bien évidemment, on ne donne pas toujours une traduction littérale car elle est parfois dénuée de sens.
Les séries de photos décrivant les différentes techniques sont accompagnées d'explications qui en faciliteront la compréhension.
Afin d'exécuter correctement les exercices, Tori (celui qui fait l'action) et Uke (celui qui la subit) devront avant toute chose étudier la technique dans sa position idéale, en statique, et s'y entraîner.
Puis, dans un second temps, ils approfondiront la technique dans le mouvement, tout en affinant leur agilité et leur habileté grâce aux méthodes spécifiques d'entraînement.

**Prononciation**
La prononciation du japonais est plutôt simple. En règle générale, toutes les voyelles se prononcent. Quant aux consonnes, elles se prononcent à peu près comme en anglais.

**e** = è
**u** = ou
**y** = i
**g** = toujours dur (y compris devant *E* et *I*)
**j** = dj

**w** = (oua)
**h** = toujours aspiré
**ch** = tch
**sh** = légèrement chuintant
**tsu** = tsou

# HISTOIRE DU JUDO : LA MÉTHODE DE LA SOUPLESSE

## DU JU-JITSU AU JUDO

Les arts martiaux japonais codifiés entre le XIX$^{e}$ et le XX$^{e}$ siècle, ce qui est le cas du judo, ont comme origine technique commune le Ju-Jitsu. Avant de nous engager dans l'histoire du judo, il est important de nous arrêter un instant sur l'étymologie et le sens des termes *Ju Do* et *Ju Jitsu.*

L'idéogramme *Ju* correspond au concept d'« adaptabilité », de « souplesse », d'« harmonie ». Il transcrit justement la possibilité de s'adapter aux circonstances sans opposer ni résistance physique ni résistance spirituelle, mais en exploitant à notre avantage l'énergie et la force que l'on nous oppose.

L'image du bambou pliant jusqu'à terre sous la force terrible de la tempête et qui, lorsque cette dernière est passée, se redresse avec vigueur, ou celle du saule dont les branches cèdent sous le poids de la neige la faisant ainsi tomber sur le sol pour, ensuite, reprendre sa position naturelle, rendent parfaitement le concept de *Ju*.

L'idéogramme sino-japonais *Do* (ou, en japonais, *Michi*) a le sens de « voie », « méthode » et fait référence au chemin qu'il faut parcourir pour arriver à la connaissance, pour vivre une existence d'homme libre, tout en prenant conscience de la problématique que ce choix implique.

L'idéogramme *Jitsu* correspond, en revanche, au concept de « science », « art » ou « technique » et fait référence à l'étude et à la pratique des techniques de lutte dans l'art de la guerre, tant dans les combats à mains nues que dans ceux avec armes.

Le professeur Jigoro Kano

## JIGORO KANO ET LA NAISSANCE DU JUDO

Le judo a été conçu et codifié par le professeur Jigoro Kano qui consacra sa vie entière à la diffusion de cette discipline dans le monde et à son évolution.

Jigoro Kano naquit le 18 octobre 1860 à Mikage, une petite ville près de Kobe, dans le district de Hyogo. Il était le troisième enfant de Jirosaku Mareshiba Kano, intendant naval du shogun Tokugawa (le gouverneur suprême nommé directement par l'empereur). En fait, ce titre d'intendant naval n'était probablement qu'un titre honorifique. La famille Kano tirait son aisance financière de la production de saké, la boisson nationale japonaise obtenue à partir de la fermentation du riz.

De constitution fragile mais d'une intelligence très vive, il fut surnommé, lorsqu'il était enfant « Nobe no Suke », d'après le nom d'un samouraï (guerrier de haut rang) qui, comme lui, était fin et gracile. Le jeune Kano était brillant dans ses études mais, de par sa constitution menue, il ne pouvait pratiquer les activités physiques alors en vogue à l'époque et était continuellement en butte aux moqueries et mauvais traitements de camarades plus robustes que lui.

Il décida alors de se fortifier physiquement en suivant un programme de développement musculaire, entreprise complexe dans le Japon de ces années-là, où les disciplines traditionnelles n'étaient plus pratiquées et où les sports occidentaux n'étaient pas encore répandus, et où il était bien difficile de se procurer l'équipement nécessaire à ce type de projet. Quoi qu'il en soit, Jigoro Kano réussit à obtenir du matériel de base-ball et fonda en 1878 le premier club de base-ball au Japon, le Kasei Base-ball Club.

Toutefois, malgré ses efforts, il ne parvint guère à développer sa force musculaire et ses qualités athlétiques. Pour atteindre le but qu'il s'était fixé, il décida donc de suivre une autre méthode et se consacra au ju-jitsu.

L'entreprise ne fut pas si simple : à l'époque de Kano, cet art martial ancien avait complètement perdu de son prestige. Son déclin était dû, en partie, à l'arrivée des armes à feu qui avaient fait disparaître presque complètement les techniques de combat à mains nues ou de combat avec des armes traditionnelles. De plus, on rejetait tout ce qui était considéré comme « vieux ».

Beaucoup d'écoles de ju-jitsu avaient donc été contraintes de fermer en raison du nombre trop peu élevé des pratiquants. À cela s'ajoutait le fait que les écoles qui continuaient à fonctionner étaient fréquentées par des personnes violentes, souvent impliquées dans des rixes ou qui se battaient pour de l'argent ou pour honorer un pari. Le père de Kano lui interdit de fréquenter ces lieux bien décadents d'un point de vue moral. Cependant Jigoro, en fréquentant une école de langues étrangères, reçut avec l'un de ses camarades les premiers rudiments de ju-jitsu à l'insu de son père.

En 1887, Kano s'inscrivit à la faculté de lettres de l'université de Tokyo. Échappant ainsi au contrôle paternel, il put entrer comme pratiquant de ju-jitsu à l'école de Hachinosuke Fukuda, le premier des trois grands maîtres qui initièrent le jeune Kano aux secrets des deux écoles fondamentales. Le maître Fukuda appartenait à l'école de

Tenjin Shinyo Ryu, dont le nom, si on le traduit littéralement, signifie « école du cœur de saule ». Cette école s'était spécialisée dans les Atemi (les techniques de coups frappés), dans les Osae Waza (les techniques de contrôle et d'immobilisations) et dans les Shime Waza (les strangulations). Elle était le fruit de la fusion de deux écoles précédentes, la Yoshin Ryu et la Shin no Shindo Ryu.

La Yoshin Ryu avait été créée par un médecin japonais qui avait fait ses études en Chine. Il y avait découvert les arts martiaux chinois. Une fois revenu dans son pays, il avait utilisé les notions qu'il avait acquises en Chine et, s'appuyant sur ses connaissances médicales et anatomiques, il avait créé une nouvelle technique de combat.

Un membre de la police d'Osaka avait apporté de nouvelles techniques à l'école, et avait créé le style Shin no Shindo Ryu.

La base de l'apprentissage se fondait essentiellement sur la pratique. Se basant sur ces principes, Fukuda, Sensei (maître) du Tenjin Shinyo Ryu, montrait les techniques à ses élèves, puis les invitait à les exécuter à leur tour, ne leur donnant que peu d'explications théoriques. Avant sa mort, impressionné par la passion et la volonté d'apprendre du jeune Kano, il lui laissa les Densho (les textes secrets de l'école).

Kano trouva un autre maître pour poursuivre son chemin sur la voie de la connaissance : Mataemon Iso, le Waka Sensei (jeune maître) sous la férule duquel le maître Fukuda avait appris les secrets de la pratique. Mataemon Iso était doté d'une telle aisance technique que Kano dit de lui qu'il était le seul, parmi tous les maîtres de cet art à avoir atteint un tel degré de perfection.

Après que Iso eut, à son tour, transmis les Densho à Jigoro Kano, celui-ci fut accepté comme élève par Iikubo Tsunetoshi, qui n'appartenait pas au Ryu précédent mais qui avait atteint un haut degré d'expertise dans une autre école fondamentale, celle de Kito. Les techniques de cette école étaient très différentes de celles apprises par Kano jusqu'alors. Elles étaient basées sur l'étude des formes, dites Kata, dont la particularité était des techniques de Nage Waza (techniques de projection). L'étude des Kata obligeait les pratiquants, s'ils voulaient se perfectionner et formaliser l'exécution du mouvement, à endosser l'armure complète à la place des vêtements civils comme cela se faisait dans les autres écoles.

Le Densho de Kito Ryu permit à Kano d'accéder à la connaissance de nombreuses techniques et le Koshiki no Kata (c'est-à-dire le modèle, la forme ancienne) du judo reste, aujourd'hui encore, pour le judo moderne, une référence transmise par-delà les décennies.

Puisque Jigoro Kano avait été reconnu « expert » par les deux Ryu, il put à son tour, selon la législation impériale, fonder un nouveau Ryu qu'il

appela Kodokan (lieu pour l'étude de la Voie, de la Méthode). C'est donc en 1882 que naquit le judo. La différence de conception entre les écoles de ju-jitsu et le nouveau judo Kodokan résidait dans le fait que Kano voulait transformer une technique mise en place pour se défendre contre des adversaires plus forts que soi en une méthode pour éduquer les hommes à un respect réciproque, avec le désir et la volonté de progresser ensemble en bonne intelligence.
Sans aide financière de la part de sa famille, opposée à ce qu'elle considérait comme une idée extravagante, Kano fut contraint de survivre avec le maigre salaire d'un professeur débutant.
Le premier siège du Kodokan fut, en février 1882, une salle qui se trouvait dans le petit temple bouddhiste de Eisho, qui appartenait à la secte Jodo. Elle était équipée de douze tatamis (des tapis de judo mesurant 2 mètres de long sur 1 mètre de large en Occident). On peut encore se rendre compte du côté officiel de l'ouverture de cette salle en lisant les inscriptions des élèves sur les registres (que, selon l'usage, ils signèrent de leur sang) du Kodokan. Le premier élève était un certain Izu, âgé de 17 ans, qui assista au cours de ju-jitsu de Kano le 5 juin 1882.
Kano dut adapter les anciennes techniques aux exigences de son époque et, pour ce faire, imaginer de nouvelles formes de Kata. Il dut aussi créer une tenue adaptée à sa pratique : il opta pour un kimono de coton blanc, plus lourd que le vêtement habituel, arrivant aux hanches (judogi), ceinturé à la taille par un obi de différentes couleurs (blanche, marron et noire) en fonction du degré d'expérience technique atteint (en Occident, les couleurs sont : blanc, jaune, orange, vert, bleu, marron et noir), et un pantalon blanc arrivant pratiquement aux chevilles.
La première année, le Kodokan accueillit neuf élèves. L'année suivante, il s'installa pas très loin du temple d'Eisho et possédait déjà vingt-quatre tatamis. L'école se développa de façon importante grâce, notamment, aux nombreuses victoires remportées sur toutes les écoles de ju-jitsu qui défiaient le Kodokan dans les Dojo Yaburi. Son essor fut continu jusqu'en 1958, lorsqu'on le transféra là où se trouve l'actuel siège social qui reçoit quelques centaines de judoka, sur 662 $m^2$ de tatamis répartis dans sept salles.
Le premier président du Kodokan fut Jigoro Kano lui-même. Puis 1894 vit la création du Conseil du Kodokan.
Six ans plus tard, on institua le Yudansha Kai (Association des Dan, les différents degrés de la ceinture noire) ; c'est en 1949 que fut fondée la Fédération de judo qui absorba l'Association des Dan et dont le siège social s'établit près du Kodokan.
Grâce à l'évolution et à la maturation de la pratique du judo, Jigoro Kano énonça en 1921 les principes les plus importants

qui étaient ressortis au cours de l'étude de sa méthode :

- Seiryoku Zen'yo (meilleur emploi de l'énergie) ;
- Jita Kyoei (prospérité et bien-être mutuel).

Éducateur et pédagogue par vocation, il professa toujours que « rien n'est plus important que l'éducation », et défendit cette idée tout au long de sa vie, se faisant le chantre et le défenseur des traditions de son pays. Il contribua, en particulier, à diffuser le sport en général.

Il assuma, d'ailleurs, dans ce domaine, d'importantes fonctions : il devint en 1909 le premier membre japonais du Comité international olympique, et fonda, deux ans plus tard, l'Association athlétique japonaise dont il devint le premier président. Dès 1912 à Stockholm, Kano représenta le Japon à tous les jeux Olympiques et à toutes les réunions du CIO. En 1938, au Caire, il parvint à faire élire Tokyo comme ville pour les XII^e^ jeux.

Ce fut là sa dernière action en faveur du sport japonais, puisqu'il succomba, le 5 mai 1938 à son retour sur le paquebot *Hikawa Maru*, à une pneumonie foudroyante.

## LE JUDO COMME DISCIPLINE SPORTIVE

La première fois que le judo apparut dans une compétition sportive au niveau international, ce fut à Paris en 1951 lors des Championnats d'Europe et aux Championnats du monde de Tokyo en 1956. En 1964, aux jeux Olympiques de Tokyo, on vit pour la première fois entrer en compétition différentes catégories de poids.

Ceci va à l'encontre des principes du judo Kodokan de Jigoro Kano, mais s'avère nécessaire en raison de l'évolution du judo de compétition dans lequel la force physique tient une place de plus en plus importante et où les athlètes les plus lourds ont tendance à l'emporter sur les plus légers, quelles que soient les qualités techniques de chacun.

À partir de cette époque, le CIO et les Fédérations internationales organisatrices des manifestations sportives rythmèrent les rencontres sportives de judokas de tous les pays à une cadence de plus en plus soutenue : Championnats d'Europe, Championnats du monde, jeux Olympiques féminins, Championnats d'Europe par équipes, Jeux mondiaux militaires, Coupe du monde par équipes, Jeux mondiaux universitaires et Coupe d'Europe par clubs.

Tout ceci va à l'encontre de l'héritage spirituel, éthique et moral laissé par Jigoro Kano, opposé aux compétitions publiques car il considérait le judo comme une méthode praticable par quiconque voulait entraîner son corps et parvenir à la maîtrise de son esprit. Mais il est évident que sans l'entraînement, sans l'émulation de l'esprit de compétition, le judo n'aurait jamais pu se diffuser de façon aussi importante de par le monde.

# LA PRATIQUE DU JUDO

## LE LIEU ET LA TENUE

On pratique le judo dans un Dojo (lieu où l'on étudie la Méthode), on s'entraîne sur des tatamis après avoir revêtu le judogi (le vêtement de judo), et enroulé autour de sa taille l'obi dont la couleur dépend de son Kyu (degré). Le judogi est blanc. Les Kyu vont du 6e au 1er et sont :

- 6e ceinture blanche
- 5e ceinture jaune
- 4e ceinture orange
- 3e ceinture verte
- 2e ceinture bleue
- 1er ceinture marron.

Les Dan (degrés de la ceinture noire) sont au nombre de 10 et vont en ordre croissant. Actuellement, en France, les judokas les plus titrés sont neuvième Dan. Il s'agit de Bernard Pariset et Henri Courtine.

## CATÉGORIES D'ÂGE ET DE POIDS (SAISON 1999-2000)

**HOMMES**

| Benjamins Nés en 1987-1988 | Minimes Nés en 1985-1986 | Cadets Nés en 1983-1984 | Juniors Nés en 1981-1982 | Seniors Nés en 1980 et avant |
|---|---|---|---|---|
| - 34 kg | - 38 kg | - 50 kg | - 60 kg | - 60 kg |
| 34 à 38 kg | 38 à 42 kg | 50 à 55 kg | 60 à 66 kg | 60 à 66 kg |
| 38 à 42 kg | 42 à 46 kg | 55 à 60 kg | 66 à 73 kg | 66 à 73 kg |
| 42 à 46 kg | 46 à 50 kg | 60 à 66 kg | 73 à 81 kg | 73 à 81 kg |
| 46 à 50 kg | 50 à 55 kg | 66 à 73 kg | 81 à 90 kg | 81 à 90 kg |
| 50 à 55 kg | 55 à 60 kg | 73 à 81 kg | 90 à 100 kg | 90 à 100 kg |
| 55 à 60 kg | 60 à 66 kg | 81 à 90 kg | + 100 kg | + 100 kg |
| 60 à 66 kg | 66 à 73 kg | + 90 kg | | |
| + 66 kg | + 73 kg | | | |

**FEMMES**

| Benjamines Nées en 1987-1988 | Minimes Nées en 1985-1986 | Cadettes Nées en 1983-1984 | Juniors Nées en 1981-1982 | Seniors Nées en 1980 et avant |
|---|---|---|---|---|
| - 32 kg | - 40 kg | - 44 kg | - 48 kg | - 48 kg |
| 32 à 36 kg | 40 à 44 kg | 44 à 48 kg | 48 à 52 kg | 48 à 52 kg |
| 36 à 40 kg | 44 à 48 kg | 48 à 52 kg | 52 à 57 kg | 52 à 57 kg |
| 40 à 44 kg | 48 à 52 kg | 52 à 57 kg | 57 à 63 kg | 57 à 63 kg |
| 44 à 48 kg | 52 à 57 kg | 57 à 63 kg | 63 à 70 kg | 63 à 70 kg |
| 48 à 52 kg | 57 à 63 kg | 63 à 70 kg | 70 à 78 kg | 70 à 78 kg |
| 52 à 57 kg | 63 à 70 kg | + 70 kg | + 78 kg | + 78 kg |
| 57 à 63 kg | + 70 kg | | | |
| + 63 kg | | | | |

*On compte aussi les catégories **vétérans** : né(e)s en 1959 et avant ; **mini-poussin(e)s** : né(e)s en 1991-1992 et **poussin(e)s** : né(e)s en 1989-1990.*

## L'ENTRAÎNEMENT

Le temps consacré à l'entraînement varie de une heure à une heure et demie deux fois par semaine. Les entraînements lorsque l'on se prépare à des compétitions sont plus fréquents et durent en moyenne de une heure et demie à deux heures.

Généralement, l'entraînement se déroule selon l'ordre suivant :

1) Zarei (salut traditionnel à genoux) au début du cours entre les élèves et les enseignants ou avant tout exercice ou entraînement au sol ;

2) Ritsurei (salut traditionnel debout) avant tout type d'exercice ou d'entraînement dans le judo debout pratiqué entre judokas ;

Position de départ et Zarei (salut en position agenouillée)

Position de départ et Ritsurei (salut debout)

3) Taiso (exercices d'échauffement musculaire) ;

4) Étude des Ukemi Waza (technique de contrôle et de rupture de la chute) :
- Ushiro Ukemi (chute arrière) ;
- Yoko Ukemi (chute latérale sur le côté) ;
- Mae Ukemi (chute avant) ;
- Zempo Kaiten Ukemi (chute avant sautée et enroulée, exécutée soit à droite, soit à gauche) ;

5) Uchi Komi (exercices d'entrée – répétitions), Yaku Soku Geiko (entraînement libre sans résister), etc. ;

6) Étude des Kihon (fondamentaux) :

Position de départ et Ushiro Ukemi (chute arrière)

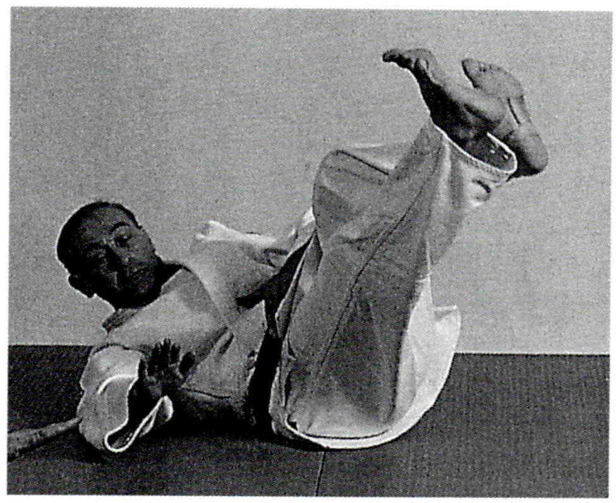

Position de départ et Yoko Ukemi (chute latérale)

Position de départ et Zempo Kaiten Ukemi (chute roulée et sautée)

– Nage Waza (techniques de projection) ;
– Osae Waza (techniques de contrôle) ;
– Kansetsu Waza (techniques de luxation) ;
– Shime Waza (techniques d'étranglement) ;

7) Étude des Kata (forme ou séquence technique) ; enseignés aux pratiquants confirmés, ils sont basés sur les principes de la méthode Kodokan ; Au judo, les Kata sont :
– Nage no Kata (forme de projection) ;
– Katame no Kata (forme de contrôle) ;
– Kime no Kata (forme de décision) ;
– Ju no Kata (forme de souplesse) ;
– Koshiki no Kata (forme ancienne) ;
– Itsutsu no Kata (forme des cinq principes) ;
– Kodokan Goshin Jitsu (forme de techniques de défense) ;
– Gonosen no Kata (forme de contre-attaques) ;

8) Randori (généralement considéré comme un entraînement au combat avec Nage Waza) ;

9) Ne Waza (généralement considéré comme un entraînement au combat avec Osae, Kansetsu et Shime Waza) ;

10) Shiai (compétition, mélange de combat debout et de combat à terre avec l'intervention d'un arbitre) ;

11) Zarei (salut traditionnel agenouillé) à la fin du cours entre les élèves et le maître.

## LES FONDAMENTAUX

Les Shisei (attitudes) sont les positions du corps (naturelle, défensive ou d'attaque) que l'on peut adopter pendant la pratique du judo.
Ces positions sont très nombreuses, mais les plus courantes tant dans les combats qu'au cours des entraînements libres sont au nombre de deux :

- Shizen Hon Tai (position fondamentale naturelle du corps) ;
- Jigo Hon Tai (position fondamentale défensive du corps).

Ci-dessous : Migi Shizen Tai (position naturelle debout, pied droit avancé).
En bas : Migi Jigo Tai (position défensive, pied droit avancé)

Les Shintai Waza (techniques de déplacement latéral) peuvent être effectués dans toutes les directions vers l'avant et vers l'arrière

On appelle Tai Sabaki la technique de déplacement circulaire du corps

Il y a deux façons de marcher :

- Ayumi Ashi (on déplace les pieds normalement) ;
- Tsugi Ashi (on fait glisser les pieds, sans jamais les joindre).

Un règlement d'arbitrage international n'admet que certains Kumi Kata et en exclut d'autres. En suivant le programme technique, nous n'omettrons aucune prise de garde, tout en indiquant celles qui sont interdites en compétition.
Les prises de garde fondamentales sont appelées Kihon Kumi Kata. Elles peuvent être effectuées par Tori (celui qui prend l'initiative) :

- Migi (à droite) : Tori saisit de la main droite le revers de Uke (celui qui subit l'initiative) au niveau de la poitrine, un peu au-dessous du niveau de la clavicule gauche, tout en saisissant de la main gauche la manche droite de Uke à la hauteur du coude ;
- Hidari (à gauche) : est la même prise que Migi mais vue à l'envers, comme dans un miroir.

Saisir le revers du judogi est une prise que l'on appelle Tsurite (prise au revers pour tirer, soulever et déséquilibrer) ; Hikite désigne la prise par la manche (prise d'ouverture par la manche pour déséquilibrer).
Les Kumi Kata sont les suivants :

- Ai Yotsu (prise en position symétrique entre Tori et Uke, c'est-à-dire garde à droite contre garde à droite) ;
- Henka Yotsu (prise en position opposée entre Uke et Tori, c'est-à-dire gauche contre droite).

Ces deux formes connaissent des variantes en fonction de la taille des pratiquants et du mouvement choisi. Le judoka peut saisir les deux revers, les manches, la ceinture ou le zubon (le pantalon du judogi).

Ci-dessous, trois photos illustrant les Kumi Kata (prises de garde) qui sont à la base de toutes les techniques de judo et qui permettent au pratiquant de les exécuter

## LES TECHNIQUES DE DÉSÉQUILIBRE

Le principe fondamental pour qu'une prise de judo soit aussi efficace que possible avec le moins d'effort possible consiste à déséquilibrer l'adversaire.
Il existe une infinité de façons de déséquilibrer quelqu'un. Toutes les techniques de déséquilibre sont regroupées au sein d'une classification appelée Happo No Kuzushi, qui répertorie huit directions fondamentales de déséquilibre, applicables dans tous les exercices.

Les phases permettant de mettre en application une technique de judo sont :

- Kuzushi (mise en déséquilibre du corps de Uke) ;
- Tsukuri (préparation ou élaboration du geste technique) ;
- Kake (application, phase finale du mouvement).

Kuzushi

Tsukuri

Kake

Ces trois phases, presque simultanées, permettent à l'élève de mieux comprendre l'enchaînement.
De nombreuses techniques permettent un déséquilibre efficace de l'adversaire ; les plus courantes sont :

- Tobi Komi (entrer à l'intérieur) ;
- Mawari Komi (rotation interne) ;
- Hikidashi (mise en déséquilibre de l'adversaire) ;
- Sutemi (sacrifice de son propre équilibre).

N.B. : dans le livre, la description de Kuzushi sera toujours faite en référence au corps de Uke.

# NAGE WAZA (TECHNIQUES DE PROJECTION)

La classification technique de Nage Waza utilisée dans cet ouvrage est celle de la méthode Kodokan de Tokyo. Modifiée plusieurs fois dès 1895, elle existe dans sa forme actuelle depuis 1982.
Nage Waza regroupe tout le travail debout et, notamment, les techniques de projection ; on distingue :

- Tachi Waza (techniques de projection en position debout). Tachi Waza est lui-même divisé en trois groupes précisant les parties du corps de Tori impliquées dans le mouvement proprement dit :
– Te Waza (groupe de techniques impliquant essentiellement les bras lors d'une projection) ;
– Koshi Waza (groupe de techniques impliquant essentiellement les hanches lors d'une projection) ;
– Ashi Waza (groupe de techniques impliquant essentiellement les jambes lors d'une projection).

- Sutemi Waza (techniques de projection dans lesquelles il faut se déséquilibrer soi-même) est divisé en deux groupes précisant la partie du corps de Tori qui vient prendre appui sur le tatami pour effectuer la projection :
– Ma Sutemi Waza (groupe de techniques dans lequel, pour exécuter une projection, on doit sacrifier son propre équilibre en prenant appui sur le dos) ;
– Yoko Sutemi Waza (groupe de techniques dans lequel, pour exécuter une projection, on doit sacrifier son propre équilibre en prenant appui sur le côté).

**Nage Waza regroupe également les techniques composant Nage No Kata ; ces dernières sont signalées par un astérisque.**

On peut effectuer toutes les techniques Nage Waza en garde à droite ou à gauche. Toutes les séquences photographiques peuvent être exécutées en miroir par les pratiquants dans la forme qui leur conviendra le mieux.

# TACHI WAZA

## PREMIER GROUPE : TE WAZA

### IPPON SEOI NAGE* (projection par-dessus l'épaule)

**1.**
Tori se place devant Uke en position naturelle : pied droit en avant avec prises fondamentales à droite et il déséquilibre Uke vers l'avant sur la droite grâce à Hikite ; dans le même temps, Tori avance son pied droit entre les pieds de Uke, sans cependant l'avancer trop

**2.**
Tout en imprimant un mouvement de traction, Tori place le creux de son coude droit sous l'aisselle gauche de Uke et procède à Tai Sabaki avec son pied gauche en faisant une rotation vers l'arrière

**3.**
Afin de pouvoir le projeter, Tori soulève Uke en utilisant ses jambes tout en exerçant une traction continue avec son épaule droite vers son pied gauche

On peut, en suivant le même déroulement, exécuter Morote (à deux mains) Seoi Nage, en plaçant le coude droit sous l'aisselle droite de Uke

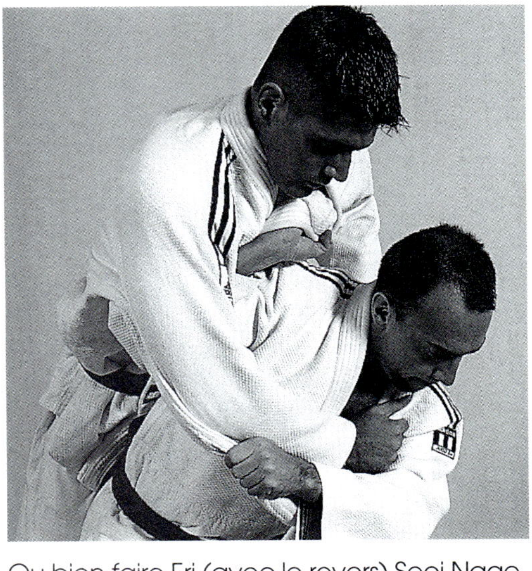

Ou bien faire Eri (avec le revers) Seoi Nage en saisissant de la main droite le col droit de Uke en mettant les quatre doigts à l'intérieur et le pouce à l'extérieur du revers

## SEOI OTOSHI (renversement par-dessus l'épaule)

**1.**
Tori se place devant Uke en position naturelle à droite avec prises fondamentales à droite et déséquilibre Uke vers l'avant à droite grâce à Hikite ; simultanément, il déplace vers l'arrière son pied gauche en faisant tourner ses épaules et, tout en maintenant sa garde, il place son coude droit sous l'aisselle droite de Uke

**2.**
Puis il pose son genou droit sur le tatami en exerçant une forte traction vers l'avant et en projetant Uke

## TAI OTOSHI (renversement du corps)

**1.**
Tori se place devant Uke en position naturelle à droite et prises fondamentales à droite. Il déséquilibre Uke vers l'avant sur la droite par Hikite. Simultanément, il déplace vers l'arrière son pied gauche tout en imprimant à ses épaules un mouvement de rotation, puis, tout en maintenant ses deux prises, il place son coude droit contre le côté gauche de Uke

**2.**
Tori continue son mouvement de traction avec son bras gauche tout en continuant à pousser son coude droit contre le flanc gauche de Uke. Puis, en tournant vers l'arrière, il met son pied droit à l'extérieur du pied droit de Uke et le projette

## KATA GURUMA* (roue autour des épaules)

**1.**
Tori se place devant Uke en position naturelle à droite avec prises fondamentales à droite, et déséquilibre Uke en position haute vers l'avant à droite grâce à Hikite.
Il déplace simultanément son pied gauche vers l'arrière tout en imprimant à ses épaules un mouvement de rotation et se baisse en position Jigo Hon Tai

**2.**
Tori maintient son mouvement de traction avec Hikite et saisit à l'aide de la main droite la jambe droite de Uke en le contraignant à prendre appui avec son ventre sur ses épaules

**3.**
À ce moment-là, Tori utilise ses bras pour continuer le mouvement de traction et pour faire passer Uke sur ses épaules et ainsi le projeter

## UKI OTOSHI* (lancement flottant)

1.
Tori se place devant Uke en position naturelle à droite avec prises fondamentales à droite. Il effectue un pas vers l'arrière avec le pied droit

2.
Puis il recule le pied gauche très en arrière, déséquilibrant Uke vers l'avant à droite avec Hikite

3.
Tori poursuit son mouvement de traction en tirant avec force les deux prises vers son côté gauche, ce qui fait tomber Uke

## UKI OTOSHI – deuxième forme

**1.**
Uke attaque avec Oh Soto Gari (voir page 54)

**2.**
Tori déplace sa jambe droite vers l'arrière et, tout en exerçant une forte traction avec les bras vers son côté droit, il déséquilibre Uke et le projette

## SUMI OTOSHI (renversement dans l'angle)

**1.**
Tori se place devant Uke en position naturelle à droite avec prises fondamentales à droite ; il effectue un pas en arrière avec le pied droit

**2.**
Puis il recule très loin le pied gauche, en prenant appui sur la pointe du pied ; lorsque ce pas est fait, Tori change radicalement de direction sans marquer d'hésitation, et se déplace en diagonale vers l'avant à droite et déséquilibre Uke grâce à une rotation puissante des bras vers le bas avec Tsurite et vers le haut avec Hikite

**3.**
Tori continue avec force à la fois la poussée et la rotation vers l'avant (en diagonale, vers son côté droit) tout en conservant ses deux prises, et projette Uke

## SUKUI NAGE (projection en cuillère)

**1.**
Uke est devant Tori en position naturelle à gauche et prises fondamentales à gauche ; Tori, en position Migi Jigo Tai, est en prises fondamentales à gauche

**2.**
Tori glisse son pied droit vers l'avant derrière la jambe gauche de Uke et abandonne la prise Hikite en passant son bras droit devant la taille de Uke

**3.**
En faisant levier avec sa jambe droite et en exerçant avec ses deux bras une forte traction arrière vers son côté droit, Tori projette Uke

## SUKUI NAGE / TE GURUMA (enroulement par les mains)

1.
C'est une autre façon d'exécuter Sukui Nage, que l'on pratique en Occident. Sur une attaque de Uke (en général Koshi Waza ou Uchi Mata ou Oh Soto Gari), Tori se défend en déplaçant le pied droit vers l'avant, il se baisse sur ses jambes et saisit de la main gauche la jambe droite de Uke

2.
Tori tient solidement avec ses deux bras Uke et, en se redressant, il le soulève en s'aidant, au moment où il pousse, de son ventre

3.
Tout en tenant le revers de Uke, Tori exerce un mouvement de rotation vers le bas à droite et tire la jambe de Uke vers le haut à gauche, le projetant sur le dos

## OBI OTOSHI (projection en saisissant la ceinture avec chute sur place)

L'exécution de ce mouvement est globalement la même que pour Sukui Nage ; la différence réside dans le fait que l'on saisit l'adversaire à la ceinture. Pendant la phase de projection, Tori tire très énergiquement vers l'avant en donnant à son geste une direction opposée à la poussée du bras qui se trouve devant le ventre de Uke

## MOROTE GARI (fauchage des jambes par les deux mains)

**1.**
Tori et Uke sont face à face, en position naturelle à gauche et ne se sont pas encore saisis

**2.**
Tandis que Uke essaie de l'agripper, Tori anticipe son geste et, tout en avançant le pied droit, il se baisse, le buste en avant, et appuie l'épaule droite sur le ventre de Uke, posant sa tête contre le côté droit de Uke et l'agrippant des deux mains derrière les genoux

**3.**
À ce moment, Tori exerce une forte poussée avec l'épaule en même temps qu'un mouvement de traction énergique à l'aide des bras ; il déséquilibre ainsi Uke,
le contraignant
à tomber sur le dos

## KUCHIKI DAOSHI (chute de l'arbre vermoulu)

**1.**
Tori et Uke sont face à face, en position naturelle à droite en prises fondamentales à droite

**2.**
Tori, tandis qu'il avance le pied gauche à l'extérieur du pied droit de Uke, se baisse sur ses jambes et le déséquilibre en le saisissant en Hikite, exerçant une forte traction à gauche vers le bas ; il met sa main droite à l'intérieur de la cuisse droite de Uke et le saisit solidement

**3.**
Tori poursuit son mouvement de traction à gauche vers le bas, tout en tirant vers le haut l'arrière de la jambe de Uke ; ainsi il déséquilibre son adversaire et le contraint à tomber à la renverse sur le dos

## KIBISU GAESHI (renversement avec prise au talon)

1.
Tori et Uke se font face, en position naturelle à gauche, avec prises fondamentales à droite

2.
Uke avance le pied droit en premier ; Tori effectue un pas glissé vers l'arrière tout en gardant appui en avant sur le pied gauche. Puis il pose le genou droit au sol et agrippe de la main droite le talon droit de Uke, et exerce une traction puissante vers le bas à droite en Hikite

3.
De la main droite, Tori tire vers l'avant le talon de Uke, tout en tirant vers le bas le bras droit de Uke, le faisant ainsi chuter

## KOUCHI GAESHI / KO UCHI GAESHI (contre-attaque sur Kouchi Gari)

**1.**
Tori et Uke sont l'un en face de l'autre, en position naturelle à droite avec prises fondamentales à droite. Uke attaque en Kouchi Gari (voir page 66) ; Tori évite le balayage en déplaçant son poids sur le pied gauche et en soulevant le pied droit

**2.**
Uke est déséquilibré par le mouvement de balayage qu'il vient de rater ; Tori en profite pour reprendre appui sur le pied droit et pour accentuer la perte d'équilibre de Uke en effectuant une traction en rotation des prises vers sa gauche

**3.**
Tori poursuit sa traction en rotation vers le bas, obligeant ainsi Uke à tomber

## UCHIMATA SUKASHI (esquive sur Uchimata)

**1.**
Tori et Uke sont l'un en face de l'autre, en position naturelle à droite avec prises fondamentales à droite. Uke attaque en Uchimata (voir page 62). Tori évite le balayage effectué par la jambe droite de Uke en déplaçant son poids sur le pied droit et en retirant sa jambe gauche

**2.**
Uke est déséquilibré par sa tentative de balayage manquée ; Tori en profite pour accentuer la perte d'équilibre de Uke en effectuant une poussée en rotation vers l'avant, et le projette

## YAMA ARASHI (tempête sur la montagne)

**Technique non autorisée en compétition.**

**1.**
Tori et Uke sont face à face, en position naturelle à droite et prises fondamentales à droite. Tori change la position de Tsurite, en saisissant le revers de Uke du côté droit, le pouce tourné vers le bas à l'intérieur, et effectue un Kuzushi énergique en même temps qu'un Hikite vers l'avant à droite

**2.**
Puis, grâce à Tai Sabaki, Tori ramène le pied gauche vers l'arrière et exerce un mouvement de rotation des épaules et des hanches vers la gauche. Il poursuit son mouvement de traction tout en maintenant ses deux prises vers l'avant à droite et pose son pied droit sur la malléole droite de Uke

**3.**
Tori continue à exercer une traction avec les bras et pousse sur la malléole du pied droit de Uke avec son pied droit, le fauchant et le projetant

## DEUXIÈME GROUPE : KOSHI WAZA

### OH GOSHI / O GOSHI (grande projection de hanche)

**1.**
Tori et Uke sont l'un en face de l'autre, en position naturelle à droite, et prises fondamentales à droite. Tori déplace son pied droit vers l'avant, et le place entre les pieds de Uke qu'il tire vers lui et déséquilibre vers l'avant à droite. Il passe alors son bras droit derrière le dos de Uke, en gardant la main ouverte, et serre fort

**2.**
Puis Tori déplace son pied gauche avec un mouvement de rotation jusqu'à ce qu'il soit sur la même ligne que son pied droit ; se baissant alors sur ses jambes, il place son dos en contact avec le ventre de Uke tout en continuant à exercer son mouvement de traction vers l'avant

**3.**
Tori se redresse pour soulever Uke tout en continuant sa traction et le projette

## UKI GOSHI* (hanche flottée)

**1.**
La préparation est la même que pour Oh Goshi (voir page précédente) mais Uke résiste à Kuzushi

**2.**
En conséquence, Tori ne termine pas Tai Sabaki, il ne garde pas les pieds parallèles, ne plie pas les jambes et fait reposer l'abdomen de Uke sur son côté droit

**3.**
À ce moment, il accentue son mouvement de traction avec les bras en faisant tourner le corps de Uke sur sa hanche et le projette

## TSURI GOSHI (hanche pêchée)

La préparation est la même que pour Oh Goshi (voir page 35) mais, dans ce cas, Tori agrippe de la main le dos de la ceinture de Uke : il s'aide dans cette prise soit en faisant Kuzushi soit en faisant Kake.
N.B. : Ko Tsuri Goshi consiste à passer le bras sous celui de Uke, Oh Tsuri Goshi consiste à le passer au-dessus

## TSURIKOMI GOSHI / TSURI KOMI GOSHI* (projection de hanche en tirant et soulevant)

**1.**
Tori et Uke sont face à face, en position naturelle à droite, avec prises fondamentales à droite. Tori place son pied vers l'avant, entre les pieds de Uke, et le déséquilibre vers l'avant à droite

**2.**
Tori déplace vers l'arrière son pied gauche en faisant un mouvement de rotation, jusqu'à ce qu'il se trouve au niveau de son pied droit. Se baissant, il amène son dos en contact avec le ventre de Uke tout en maintenant sa traction vers l'avant. Il place son coude droit sur le côté gauche de Uke

**3.**
Il se redresse pour soulever Uke et, tout en continuant à maintenir sa traction vers l'avant, il le projette

## SODE TSURIKOMI GOSHI / SODE TSURI KOMI GOSHI (hanche pêchée au coude)

C'est une variante de Tsurikomi Goshi dans laquelle Tori effectue les prises à deux mains ou Hidari Kumi Kata ; puis il exécute la même technique à droite

## KOSHI GURUMA (roue autour des hanches)

**1.**
Tori et Uke sont face à face, le premier en position naturelle à gauche et prises fondamentales à gauche, le second en Henka Yotsu.
Tori place son pied gauche entre les pieds de Uke, le déséquilibrant vers l'avant à gauche.
Il appuie son bras gauche sur les épaules de Uke

**2.**
Puis Tori déplace en rotation son pied droit vers l'arrière, jusqu'à ce qu'il se trouve à la hauteur de son pied gauche. Fléchissant les jambes, il place son dos contre le ventre de Uke, tout en poussant les hanches très à l'extérieur et en maintenant sa traction vers l'avant

**3.**
Puis il se redresse pour soulever Uke, en continuant à le tirer vers le sol tout en faisant levier avec les hanches, et le projette

## HARAI GOSHI*
## (balayage de la hanche)

**1.**
Tori et Uke sont face à face, en position naturelle à droite, et prises fondamentales à droite. Uke déplace son pied droit vers l'arrière ; Tori avance son pied droit en Tsugi Ashi, entre les pieds de Uke, le déséquilibrant vers l'avant à droite

**2.**
Puis Tori recule son pied gauche par une rotation jusqu'à ce qu'il soit à la hauteur de son pied droit. Fléchissant la jambe gauche, il amène sa hanche droite en contact avec le ventre de Uke, tout en continuant son mouvement de traction vers l'avant

**3.**
À ce moment, Tori utilise sa hanche droite pour soulever Uke et sa jambe droite vient balayer la jambe droite de Uke, puis il le projette

## HANE GOSHI (hanche sautée)

**1.**
Tori et Uke sont en face l'un de l'autre, en position naturelle à droite et prises fondamentales à droite

**2.**
Uke déplace son pied droit vers l'arrière tandis que Tori avance le pied gauche en Ayumi Ashi et le place entre les pieds de Uke ; il se baisse sur la jambe gauche et déséquilibre son adversaire vers l'avant à droite

**3.**
Tori continue à suivre Uke dans son déplacement vers l'arrière et va balayer avec sa jambe droite légèrement fléchie la jambe droite de Uke ; puis en faisant avec les épaules un mouvement de rotation vers le bas à gauche, il le projette

## UTSURI GOSHI (projection de hanche en contre)

**1.**
Sur une attaque de Uke (en général Koshi Waza), Tori se défend en abaissant son centre de gravité et en entourant de son bras gauche le buste de son adversaire au niveau de la ceinture

**2.**
Tenant Uke serré entre ses bras, Tori le soulève en redressant les jambes et donne de la puissance à son geste en s'aidant de son ventre

**3.**
Tout en maintenant sa prise, avant qu'Uke ne retombe, Tori déplace son pied gauche vers l'avant, et met en contact le ventre de Uke avec sa hanche gauche puis le projette sur le dos

## USHIRO GOSHI (projection de hanche par l'arrière)

**1.**
Sur une attaque de Uke (en général Koshi Waza), Tori se défend en abaissant son centre de gravité et en passant son bras gauche autour du buste de son adversaire au niveau de la ceinture

**2.**
Tenant Uke serré, Tori se redresse sur ses jambes et le soulève en s'aidant du ventre

**3.**
Maintenant sa prise tandis que Uke retombe, Tori déplace son pied gauche en arrière, en projetant Uke sur le dos

## DAKI AGE (soulever en enlaçant)

**1.**
C'est une technique qui permet d'interrompre une action de Katame Waza. Uke est couché, le dos à terre, et attaque Tori en utilisant une technique d'étranglement ou de luxation ; Tori passe ses bras sous les jambes de son adversaire et le saisit à la ceinture

**2.**
Puis, en plaçant ses pieds très près des flancs de Uke, il le soulève

**Le mouvement s'achève à ce moment et Tori doit reposer Uke le dos au sol, sur le tatami, en contrôlant son geste parce que cette technique, si elle est mal exécutée, peut provoquer des traumatismes aux vertèbres cervicales et avoir de lourdes conséquences physiologiques**

## HIZA GURUMA (roue autour du genou)

1.
Tori et Uke sont face à face, en position naturelle à droite avec prises fondamentales à droite. Tori déplace son pied droit et le pose légèrement en arrière de son pied gauche sur sa droite, contraignant Uke à avancer le pied gauche

2.
Anticipant le pas à droite que s'apprête à faire Uke, Tori place son pied gauche sur le genou droit de Uke en bloquant son mouvement, tout en le tirant énergiquement vers l'avant

3.
Tori continue à exercer sa traction à l'aide des bras, tout en donnant un mouvement circulaire à l'action et en maintenant à l'aide de son pied le genou de Uke jusqu'à ce qu'il tombe

## SASAE TSURIKOMI ASHI / SASAE TSURI KOMI ASHI* (blocage du pied en pêchant)

Tori et Uke sont l'un en face de l'autre, en position naturelle à droite et prises fondamentales à droite. Comme dans l'exercice précédent, Tori déplace vers l'arrière son pied droit et le pose légèrement sur sa droite, contraignant ainsi Uke à avancer avec son pied gauche. Anticipant le pas en avant sur la droite que Uke s'apprête à effectuer, Tori, cette fois-ci, place son pied gauche sur le cou-de-pied droit de Uke, bloquant son geste, et entreprend une traction énergique en avant vers le haut. Il continue à tirer en s'aidant des bras en donnant une direction circulaire au mouvement, et bloque le pied de Uke jusqu'à ce qu'il tombe

## HARAI TSURI KOMI ASHI (balayage du pied en pêchant)

**1.**
Tori et Uke sont face à face, en position naturelle à droite, et prises fondamentales à droite. Uke déplace son pied droit vers l'arrière, Tori suit son mouvement

**2.**
Tout en augmentant la rapidité d'exécution de l'action, Tori balaie avec la plante du pied gauche le pied droit de Uke à la hauteur de la malléole, en diagonale vers la droite. Il effectue simultanément, en serrant bien ses deux prises, un mouvement visant à soulever Uke

**3.**
Tori continue à tirer et à soulever Uke à l'aide des bras jusqu'à ce que son adversaire soit au sol

## DEASHI HARAI / DE ASHI BARAI (balayage du pied avancé)

**1.**
Tori et Uke sont l'un en face de l'autre, en position naturelle à droite et prises fondamentales à droite. Uke avance son pied gauche. Tori ne bouge pas

**2.**
Uke avance le pied droit ; à ce moment, Tori recule le pied droit, créant un espace suffisant pour balayer le pied droit de Uke avec son pied gauche sans craindre de croiser les jambes

**3.**
Anticipant l'appui du pied droit de Uke, Tori le projette en le balayant de la plante du pied gauche et en le tirant vers le bas

## OKURI ASHI HARAI / OKURI ASHI BARAI* (balayage des deux jambes)

**1.**
Tori et Uke sont en face l'un de l'autre, en position naturelle à droite et prises fondamentales à droite. Tori effectue un déplacement latéral vers la droite et Uke le suit

**2.**
Au moment précis où Uke se déplace, Tori, du pied gauche, lui fauche le pied droit, rompant son équilibre et le projetant sur le côté droit

## TSUBAME GAESHI (contre-attaque en queue d'hirondelle)

**1.**
Tori agit sur l'attaque de Uke en Deashi Harai. Uke fauche de son pied droit le pied gauche de Tori qui le retire

**2.**
Tori, d'un mouvement circulaire de la jambe gauche, profitant du déséquilibre de Uke, fauche à son tour avec le pied gauche le pied droit de son adversaire et le projette au sol

## KOSOTO GARI / KO SOTO GARI (petit fauchage extérieur)

**1.**
Tori et Uke sont face à face, en position naturelle à droite et prises fondamentales à droite. Tori avance son pied gauche et le place à l'extérieur du pied droit de Uke ; puis il le déséquilibre en exerçant une traction vers la droite

**2.**
À ce moment, Tori joint les pieds et, en tirant plus fort son adversaire vers la droite, il fauche à l'aide de la plante de son pied gauche la partie postérieure du pied droit de Uke, et le projette

## KOSOTO GAKE / KO SOTO GAKE (petit accrochage extérieur)

1.
Tori et Uke sont en face l'un de l'autre, en position naturelle à droite, et prises fondamentales à droite. Uke avance le pied gauche tandis que Tori reste sur place

2.
Lorsque Uke avance le pied gauche, Tori recule le pied droit et, changeant brusquement de direction, le déséquilibre vers l'arrière ; puis il accroche la jambe droite de Uke avec sa jambe gauche et, poursuivant le mouvement, il le projette en arrière

## OH SOTO GARI / O SOTO GARI (grand fauchage extérieur)

**1.**
Tori et Uke sont en face l'un de l'autre, en position naturelle à droite et prises fondamentales à droite

**2.**
Tori avance le pied gauche et le place à côté du pied droit de Uke, déséquilibrant simultanément son adversaire sur la droite

**3.**
Puis, en prenant de l'élan, il lève sa jambe droite en avant, la pointe du pied tournée vers le sol

**4.**
Et, toujours avec la jambe droite, Tori fauche la jambe droite de Uke et le projette sur le tatami

## OH SOTO OTOSHI / O SOTO OTOSHI (grande projection extérieure)

**1.**
Tori et Uke sont l'un en face de l'autre, en position naturelle à droite et prises fondamentales à droite. Tori accroche avec sa jambe droite la jambe droite de Uke et le déséquilibre en le tirant vers le bas à droite

**2.**
Uke résiste au mouvement de Tori qui augmente la puissance de sa poussée en amenant sa poitrine en contact avec le corps de Uke

**3.**
Tori, en faisant glisser sa jambe droite vers le bas, prend appui avec l'avant du pied sur le tatami et avance la jambe gauche, accentuant ainsi le déséquilibre de Uke vers l'arrière

**4.**
Il continue à exercer sa traction vers le bas en s'aidant des bras et pousse avec sa jambe droite, faisant tomber Uke

## OH SOTO GURUMA / O SOTO GURUMA (grande roue extérieure)

**1.**
La préparation est la même que pour Oh Soto Gari, mais ici Uke résiste au balayage de la jambe droite

**2.**
Tori effectue alors un autre balayage en maintenant sa position, mais en « cueillant » les deux jambes de Uke

## OH SOTO GAESHI / O SOTO GAESHI (grande contre-attaque extérieure)

1.
Sur une attaque de Uke du genre de Oh Soto Gari, Tori résiste au balayage

2.
Il transfère immédiatement le poids de son corps sur sa jambe gauche et, déplaçant l'appui de son pied gauche, il tourne à 90° vers la gauche et effectue Oh Soto Gaeshi

## OH GURUMA / O GURUMA (grande roue)

**1.**
Tori et Uke sont face à face, en position naturelle à droite, et prises fondamentales à droite. Tori avance le pied gauche et le pose, pointe tournée vers la gauche afin de faciliter l'exécution de la roue, devant le pied gauche de Uke

**2.**
Tori pivote complètement vers la gauche et place sa jambe droite face au ventre de Uke, l'empêchant ainsi d'avancer. À ce moment, il commence à pousser en Tsurite et à tirer en Hikite

**3.**
Puis il poursuit son geste (traction et poussée en même temps) en lui donnant une direction circulaire tout en continuant à faire obstacle avec sa jambe contre le ventre de Uke. Déséquilibré vers l'avant, ce dernier s'enroule autour de la jambe droite de Tori et se retrouve au sol

## ASHI GURUMA (roue autour de la jambe)

**1.**
La technique est exécutée par l'auteur de ce livre comme son Tokui Waza (technique favorite) à gauche avec Kumi Kata centraux. Tori et Uke sont l'un en face de l'autre, le premier en position naturelle à gauche et prises fondamentales au milieu, le second en position naturelle à droite et prises fondamentales à droite

**2.**
Tori avance le pied gauche et le place, pointe tournée à droite (ce qui lui facilitera ensuite la rotation des hanches), entre les pieds de Uke

**3.**
Tori déséquilibre Uke vers l'avant sur la gauche en tirant solidement des deux mains, il passe alors son pied droit en Tai Sabaki et place sa jambe gauche en travers face à la jambe gauche de Uke, son talon se trouvant à la hauteur du genou de son adversaire afin de lui interdire tout déplacement sur la gauche, ce qui lui permettrait de retrouver son équilibre. **La hanche gauche de Tori n'entre pas en contact avec le ventre de Uke.** Puis Tori, assurant énergiquement ses prises, accentue le mouvement de rotation du corps de Uke, et, tout en continuant à bloquer sa jambe gauche avec sa propre jambe gauche, il effectue la projection

## UCHIMATA / UCHI MATA* (fauchage par l'intérieur de la cuisse)

**1.**
Tori et Uke sont en face l'un de l'autre, le premier en position naturelle à droite et prises fondamentales à droite (Tsurite prise très haut), et le second en position de défense, les pieds parallèles. Tori déséquilibre Uke en le tirant vers lui

**2.**
Tori amène son pied droit devant le pied droit de Uke. Puis il effectue un Tai Sabaki avec le pied gauche en le plaçant entre les pieds de Uke. Effectuant un mouvement de rotation du buste, il entreprend un fauchage avec la jambe droite

**3.**
Tori poursuit son action, tout en effectuant un mouvement circulaire, et fauche avec sa jambe droite l'intérieur de la cuisse gauche de Uke, le faisant chuter sur le dos

**Certaines formes de Uchimata sont considérées comme des Koshi Waza si le fauchage se fait sur l'intérieur de la cuisse droite de Uke avec comme pivot la hanche droite de Tori.**

## UCHIMATA GAESHI, HANE GOSHI GAESHI, HARAI GOSHI GAESHI (contre-attaque sur Uchimata, Hane Goshi, Harai Goshi)

Sur l'attaque de Uke, en fonction des techniques citées ci-dessus, Tori accroche avec son pied gauche le pied gauche de Uke, ou en tout cas son pied d'appui, et le projette au sol en le fauchant et en le tirant dans la direction opposée à son sens de traction

## OH UCHI GARI / O UCHI GARI (grand fauchage intérieur)

**1.**
Tori et Uke se font face, le premier en position naturelle à droite et prises fondamentales à droite, le second en Migi Kumi Kata et Hidari Shizen Tai. Tori amène son pied droit entre les pieds de Uke. Puis il commence Kuzushi arrière à gauche et déplace son pied gauche derrière, à droite

**2.**
Poursuivant son mouvement de déséquilibre, Tori accroche la jambe gauche de Uke avec sa jambe droite au niveau du mollet

**3.**
Tout en continuant son mouvement de poussée, il donne une direction circulaire au mouvement de sa jambe droite (un peu comme un compas), qui vient faucher par l'intérieur la jambe gauche de Uke qui tombe sur le dos

## OH UCHI GAESHI / O UCHI GAESHI (contre-attaque sur Oh Uchi Gari)

Sur Oh Uchi Gari de Uke, Tori le déséquilibre dans la même direction, antérieure gauche, et emploie la jambe fauchée par Uke, donc sa jambe gauche, pour faucher la jambe droite de Uke et le projeter sur le dos. Tori peut effectuer le fauchage soit sur la jambe droite, soit sur la jambe gauche de Uke

## KOUCHI GARI / KO UCHI GARI (petit balayage intérieur)

1.
Tori et Uke sont en face l'un de l'autre, en position naturelle à droite et prises fondamentales à droite

2.
Tori amène son pied droit entre les pieds de Uke ; puis il commence Kuzushi arrière vers le bas à droite. Il amène ensuite son pied gauche derrière son pied droit et, avec un mouvement de fauchage circulaire (en compas), il place la plante de son pied droit contre le talon droit de Uke

3.
Il maintient sa poussée tout en continuant son fauchage à l'intérieur du talon et fait tomber Uke sur le dos

# SUTEMI WAZA

## QUATRIÈME GROUPE : MA SUTEMI WAZA

### TOMOE NAGE* (projection en cercle)

**1.**
Tori et Uke sont face à face, en prises fondamentales à droite. Uke pousse vers l'avant, Tori commence par résister, puis amène son pied gauche entre les pieds de Uke, cédant à sa poussée

**2.**
Tori va s'asseoir aussi près que possible de son propre talon gauche, et, fléchissant la jambe, pose son pied droit sur le bas de l'abdomen de Uke, en le tirant des deux bras, accentuant de ce fait le Kuzushi de Uke

**3.**
Une fois sur le dos, Tori tend la jambe droite, pousse avec son pied droit vers le haut tout en maintenant le poids de Uke et poursuit le mouvement de traction de ses deux bras. Uke se retrouve projeté sur le dos derrière la tête de Tori

## URA NAGE* (projection en lançant en arrière)

1.
Cette technique est normalement employée comme contre-attaque. Uke attaque, Tori se baisse en défense et entoure de son bras gauche le buste de Uke à la hauteur de la ceinture, tout en conservant sa prise de la main droite au niveau du revers de Uke

2.
Tori redresse les jambes tout en tenant solidement Uke, pousse son abdomen vers le haut et soulève son adversaire. Lorsque les pieds de Uke ne touchent plus le sol, Tori s'arc-boute en arrière, ses épaules allant prendre appui sur le tatami et projette Uke sur le dos derrière lui

## SUMI GAESHI* (renversement dans l'angle)

**1.**
Tori et Uke sont l'un en face de l'autre, en prises fondamentales à droite, en position Migi Jigo Tai ; tous deux exercent une traction vers l'arrière

**2.**
Tori amène son pied gauche entre les pieds de Uke et, tout en poursuivant sa traction, place son pied droit sous sa cuisse gauche près du genou. Puis il va se baisser aussi près que possible de son propre talon gauche

**3.**
Tori continue son mouvement vers l'arrière et, une fois sur le dos, pousse avec son cou-de-pied droit vers le haut. Uke se retrouve projeté sur le dos, derrière la tête de Tori

## HIKKOMI GAESHI (renversement en tirant)

L'action est la même que Sumi Gaeshi, mais ici la prise se fait à la ceinture. En Occident, on appelle cette technique Obi Tori Gaeshi (celui qui saisit la ceinture en renversant)

## UDEHISHIGI TE GATAME (clé de bras avec contrôle de la main)

**1.**
Il existe dans le judo sportif de nombreuses actions improprement appelées Hikkomi Gaeshi et qui servent non pas tant à faire un score, qu'à passer sans interruption du combat debout au combat au sol. C'est ce que l'on appelle les « amenées au sol ». Certaines portent un nom précis, d'autres non. Un exemple de ce type de technique est justement Udehishigi Te Gatame. Tori saisit de la main gauche le revers gauche de Uke en passant sous son bras droit. Uke tient de la main droite le revers gauche de Tori qui lui saisit le poignet de la main droite

**2.**
Tori prend son élan et roule vers le côté gauche tout en mettant le bras droit de Uke en levier

**3.**
À ce point, Uke est obligé, à cause de la clé de bras, de rouler sur le dos

## TAWARA GAESHI (renversement du sac)

1.
On l'emploie normalement sur une attaque de Morote Gari (voir page 28) de la part de Uke. Tori tend la jambe gauche en arrière pour résister à l'attaque et agrippe le buste le Uke avec les deux bras

2.
Avant de se laisser tomber en arrière, Tori doit déséquilibrer Uke jusqu'à ce que le Kuzushi soit bon et que Uke décolle au moins un pied du sol

3.
À ce moment, Tori peut poursuivre son geste et projeter Uke

## CINQUIÈME GROUPE : YOKO SUTEMI WAZA

### UKI WAZA* (technique flottante)

**1.**
Tori et Uke sont face à face, en prises fondamentales à droite. Uke avance avec le pied droit

**2.**
Au moment où Uke avance, Tori tend la jambe gauche devant le pied droit de Uke et va s'asseoir le plus près possible de son propre talon droit tout en gardant la jambe gauche tendue et le pied gauche pointé.
Il exerce en simultané une forte traction avec les deux bras vers l'avant à droite

**3.**
Une fois sur le côté, Tori continue son mouvement de traction et projette Uke sur le dos selon une trajectoire en diagonale sur la gauche de Tori

## YOKO OTOSHI (renversement de côté)

**1.**
Tori et Uke sont face à face, en prises fondamentales à droite. Uke se déplace latéralement avec le pied droit. Tori exerce une forte traction sur les deux prises de côté à droite, créant Kuzushi

**2.**
Tori va se baisser aussi près que possible de son propre talon droit. Au moment où Uke fait un pas, il tend complètement sa jambe gauche, pied pointé, à côté du pied droit de Uke. Il continue son mouvement de traction jusqu'à provoquer la chute de Uke

## TANI OTOSHI (chute dans la vallée)

**1.**
Généralement exécutée comme Kaeshi Waza (technique de contre-attaque), cette technique peut être effectuée comme un mouvement d'attaque directe. Uke attaque et Tori se défend en abaissant son centre de gravité, le pied droit vers la droite, agrippant simultanément le buste de Uke

**2.**
Tori tend alors la jambe gauche derrière les jambes de Uke et le projette en arrière

## YOKO WAKARE (séparation de côté)

**1.**
Tori et Uke sont l'un en face de l'autre, en prises fondamentales à droite. Tori prend l'initiative et, exerçant une traction vers l'avant à droite avec les bras, fait un pas sur la gauche avec le pied droit, et le place devant le pied droit de Uke

**2.**
Après avoir fait ce pas, Tori tend la jambe gauche vers l'avant, en se baissant aussi près que possible de son propre talon droit. La jambe gauche est tendue, le pied pointé. Simultanément, il fait obstacle avec son corps tout en exerçant une traction énergique vers l'avant à droite et projette Uke

## YOKO GAKE* (accrochage de côté)

Tori et Uke sont l'un en face de l'autre, en prises fondamentales à droite en Migi Shizen Tai. Tori commence à déséquilibrer Uke sur la droite et amène la plante de son pied gauche sur sa malléole droite

**2.**
Empêchant Uke de retrouver son équilibre en déplaçant son pied droit, Tori donne plus de puissance à son mouvement de traction sur la droite et, tout en gardant le pied de Uke accroché, il le projette en roulant sur le côté sur le tatami

## DAKI WAKARE (séparation en saisissant à bras-le-corps)

**1.**
Uke est à quatre pattes ; Tori le saisit avec les bras au niveau du buste, en s'appuyant légèrement sur son côté droit

**2.**
Roulant énergiquement sur la droite tout en maintenant le contact avec Uke, Tori le projette sur le dos et termine son mouvement de rotation sur le côté gauche

## YOKO GURUMA*
## (roue de côté)

1.
Cette technique est exécutée soit comme Kaeshi Waza, comme c'est le cas sur les photos ci-dessous, soit comme technique en soi.
Sur l'attaque de Uke, Tori se défend en abaissant son centre de gravité ; il déplace son pied droit vers l'avant et saisit le buste de Uke

2.
À ce moment, Tori effectue avec tout le corps une rotation avant, en glissant sa jambe droite entre les pieds de Uke ; puis il se laisse tomber sur le côté gauche et projette Uke sur le dos

## SOTO MAKIKOMI (enroulement extérieur)

**1.**
Tori et Uke se font face, en prises fondamentales à droite en Migi Shizen Tai.
Tori avance le pied droit et le place entre les pieds de Uke. Il commence son mouvement de traction pour Kuzushi avant à droite

**2.**
À ce moment, Tori effectue Tai Sabaki avec le pied gauche en arrière et, abandonnant Tsurite, il fait un mouvement de hanches jusqu'à toucher le buste de Uke, tandis que son bras droit contrôle celui de Uke

**3.**
Tori tend la jambe droite sur l'extérieur et roule énergiquement au sol, entraînant Uke avec lui

## UCHI MAKIKOMI (enroulement intérieur)

La forme Makikomi peut être employée en phase finale d'autres techniques de projection. En partant de Ippon Seoi Nage (voir page 18), Tori glisse le buste sur l'extérieur et place son pied gauche derrière le pied droit de Uke ; poursuivant son mouvement de rotation, il prend appui sur le tatami avec le genou droit et projette son adversaire

## HANE MAKIKOMI (hanche sautée enroulée)

Tori exécute Hane Goshi (voir page 42) ; Uke oppose une résistance ; donc, Tori, abandonnant Tsurite, continue en s'enroulant jusqu'à projeter Uke

### HARAI MAKIKOMI (balayage enroulé)

Tori fait Harai Goshi (voir page 41) ; Uke oppose une résistance ; Tori, abandonnant Tsurite, poursuit en s'enroulant

### UCHIMATA MAKIKOMI (intérieur de la cuisse en enroulement)

Tori fait Uchimata (voir page 62) ; Uke résiste ; Tori, abandonnant Tsurite, poursuit en s'enroulant

## OH SOTO MAKIKOMI (grand enroulement extérieur)

Tori exécute Oh Soto Gari (voir page 54). Uke résiste ; Tori, abandonnant Tsurite, poursuit en s'enroulant

## KANI BASAMI (pinces de langouste)

**Technique non autorisée en compétition.**

1.
Tori agrippe de la main droite le haut du revers de Uke, et de la main gauche sa manche gauche ; la jambe gauche de Uke est en avant, Tori a la jambe droite avancée

**2.**
Tori amène sa jambe droite vers le haut transversalement par rapport au ventre de Uke

**3.**
En prenant son élan, tout en maintenant ses prises, Tori lance sa jambe gauche derrière les jambes de Uke et, en faisant un mouvement de tenaille (la jambe droite pousse par-derrière et la gauche par-devant), il projette Uke

## KAWAZU GAKE (variante du crochetage)

**Technique non autorisée en compétition si elle est utilisée pour projeter. Autorisée pour se défendre.**

Tori accroche l'une des jambes de Uke en enroulant sa jambe autour.
En compétition, ce geste technique est autorisé pour résister à une attaque de Uke (Ushiro Goshi, Oh Soto Gari, Ura Nage – voir pages 44, 54, 68).
Dans Kawazu Gake, codifié par le Kodokan, la projection se fait en faisant levier sur la jambe crochetée de Uke et en effectuant un balayage, toujours en direction opposée à l'articulation du genou de Tori

# KATAME WAZA (TECHNIQUES DE CONTRÔLE)

La classification technique du Katame Waza présentée ci-après est celle de la méthode Judo Kodokan de Tokyo, dont nous avons parlé dans le chapitre précédent.
Le Katame Waza traite de la subdivision des techniques de contrôle qui font partie du combat au sol et qui se classent en :

- Osae Waza (techniques d'immobilisation) ;
- Shime Waza (techniques d'étranglement) ;
- Kansetsu Waza (techniques de luxation).

**Les techniques de Katame Waza qui font partie de Katame No Kata sont signalées par un astérisque.**

Toutes les techniques de Katame Waza peuvent être exécutées à droite ou à gauche. En travaillant en miroir, donc, les pratiquants peuvent suivre les séquences photographiées dans les pages suivantes en fonction de ce qui leur convient le mieux.

### HON KESA GATAME (contrôle fondamental par le travers)

Tori s'assoit à côté de Uke et agrippe de la main droite le dos de son col et, de la main gauche, son bras droit. Il a les jambes écartées, ses pieds touchent le tatami. Il pèse de tout son poids sur le haut du corps de Uke : épaule droite, tête et cou

## KUZURE KESA GATAME* (variante du contrôle par le travers)

La posture est la même que dans Hon Kesa Gatame, à la seule différence que le bras droit de Tori est placé sous l'aisselle gauche de Uke ; la main, derrière le col, agrippe le revers. Par rapport à la technique précédente, la pression sur le corps de Uke porte essentiellement sur la poitrine de Uke

## MAKURA KESA GATAME (contrôle en oreiller par le travers)

Toutes les variantes de Kesa Gatame sont appelées Kuzure ; toutefois, en Occident, nous avons une autre classification. Par exemple, dans Makura Kesa Gatame, Tori est assis derrière l'épaule droite de Uke, le côté droit reposant à côté de la tête de son adversaire, sous laquelle il a placé sa cuisse droite. Il contrôle le bras gauche de Uke avec ses bras en agrippant le creux de son genou droit avec sa main droite

## USHIRO KESA GATAME (contrôle arrière par le travers)

1.
Tori est en position transversale par rapport au corps de Uke mais les points de contrôle sont les mêmes que dans l'exercice précédent ; de la main droite, il agrippe la ceinture de Uke, tandis qu'avec le bras gauche il a deux possibilités : la première consiste à placer son côté près de la tête de Uke et de contrôler son bras gauche avec son propre bras gauche passé devant son ventre

2.
La seconde possibilité consiste pour Tori à se placer à côté de Uke et de contrôler son bras gauche, en passant derrière son dos, après avoir bloqué son poignet gauche sous sa propre aisselle gauche

## KATA GATAME* (contrôle par l'épaule)

Tori place son genou droit près de Uke et, jambe gauche tendue, il exerce une poussée en direction du corps de Uke ; il passe son bras droit sous le cou de Uke et sa main droite saisit la main gauche de son adversaire, paume contre paume, assurant sa prise au niveau du cou et du bras droit de Uke

## KAMI SHIHO GATAME* (contrôle des quatre coins par-dessus)

Tori se place derrière la tête de Uke, il appuie sa poitrine contre celle de Uke et glisse ses bras sous les épaules de son adversaire. Des deux mains, il agrippe la ceinture de Uke ; ses pieds sont pointés vers l'extérieur et poussent vers l'avant ; les jambes de Tori sont soit tendues, soit repliées

## KUZURE KAMI SHIHO GATAME*

### (variante du contrôle des quatre points par-dessus)

Dans cette variante, Tori est légèrement en diagonale, son bras droit est passé sous l'aisselle droite de Uke ; de sa main droite, il agrippe (avec les quatre doigts) l'intérieur du revers du judogi de son adversaire

## YOKO SHIHO GATAME* (contrôle des quatre points par le côté)

Tori est placé à côté de Uke et appuie sa poitrine contre la sienne. Son bras droit est passé entre les jambes de Uke : il saisit sa ceinture ; son bras gauche se trouve sous le cou de son adversaire : il agrippe son judogi. Ses jambes sont soit repliées, soit étendues, mais toujours en poussée

## TATE SHIHO GATAME (contrôle des quatre points, longitudinalement)

Tori chevauche Uke et contrôle sa tête, son épaule droite et son bras droit après avoir passé son bras droit sous son cou ; il saisit la main gauche, paume contre paume ; ses pieds se trouvent sous les cuisses de Uke

**Étant donné leur caractère dangereux, les techniques d'étranglement ne doivent être employées qu'avec la plus grande prudence par les pratiquants.**

## NAMI JUJI JIME (étranglement croisé)

La pression s'exerce latéralement sur le cou de Uke. Elle est effectuée du côté de l'auriculaire (les mains sont croisées comme on le voit sur la photo en bas)

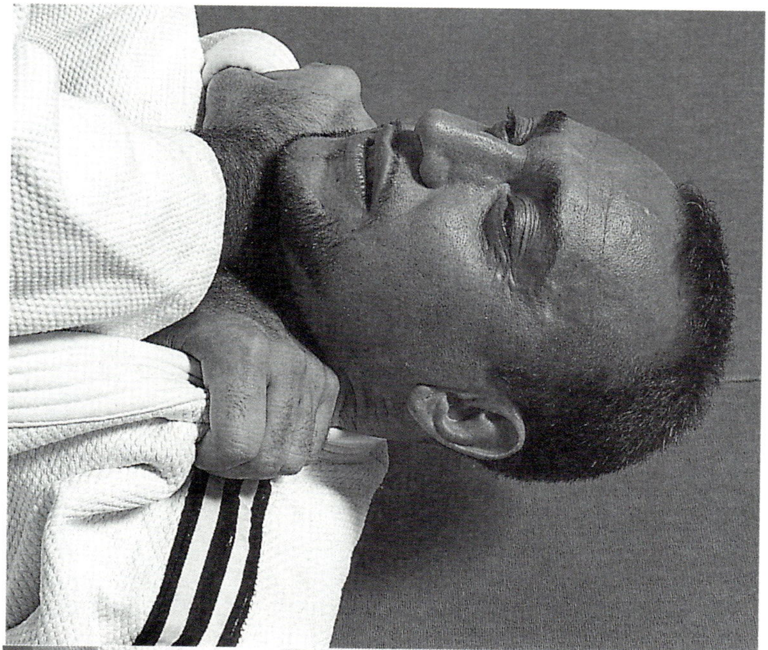

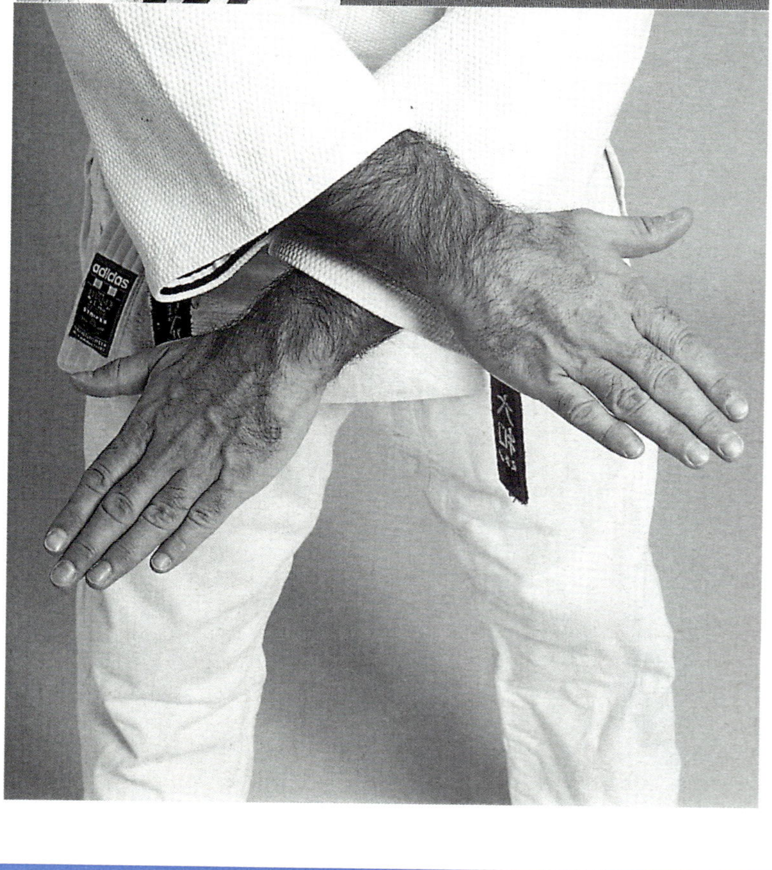

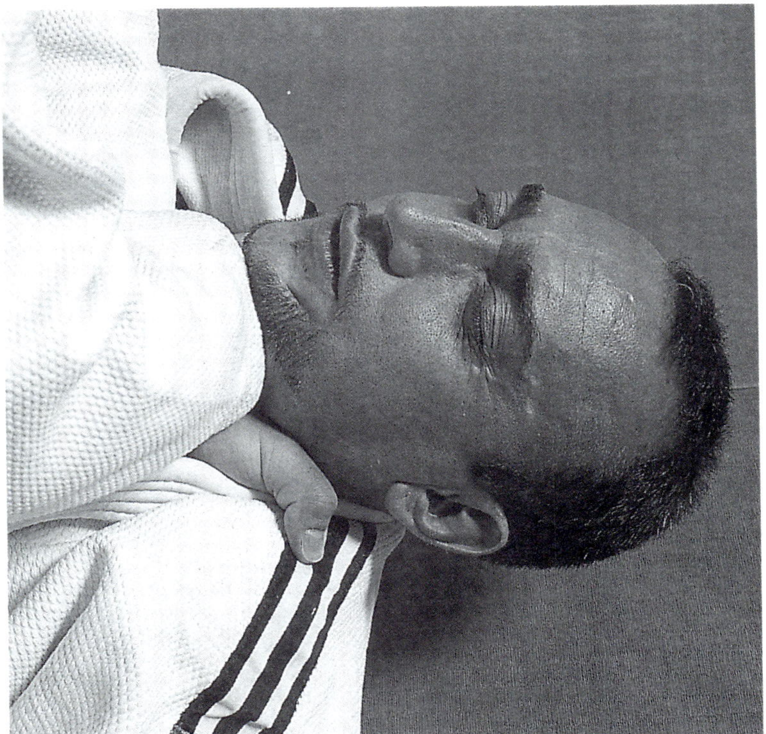

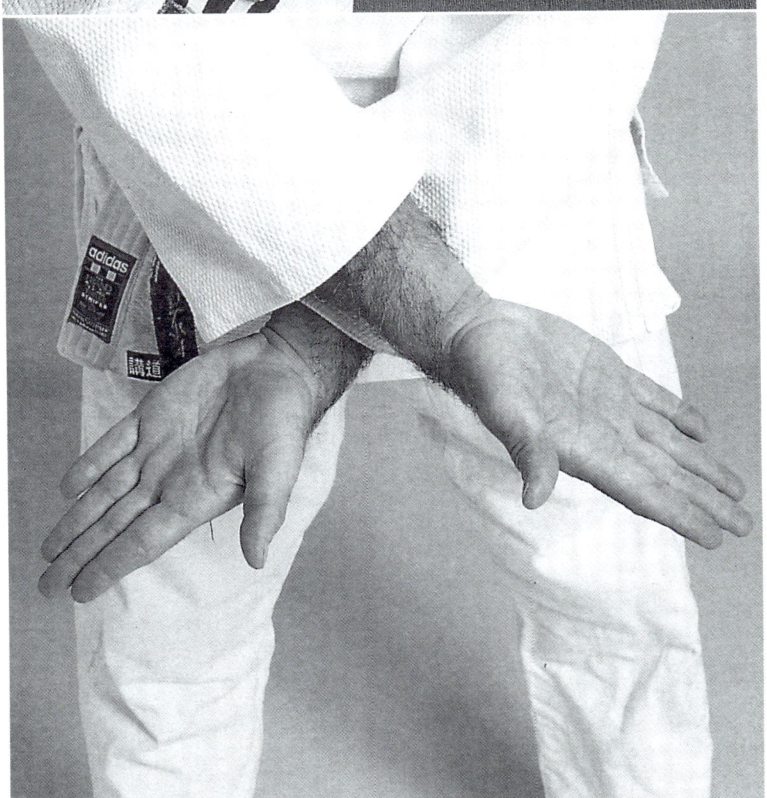


## GYAKU JUJI JIME* (étranglement croisé, paumes vers le haut)

Dans ce cas également, la pression s'effectue latéralement sur le cou de Uke mais elle est exercée par les pouces (les mains sont croisées et tournées vers le haut, comme on le voit sur la photo en bas)

## KATA JUJI JIME* (étranglement en croix, mains opposées)

Là encore, la pression s'exerce latéralement sur le cou de Uke ; mais cette fois, l'étranglement est réalisé du côté de l'auriculaire pour une main, et du côté du pouce pour l'autre (les mains sont croisées : l'une est en position naturelle, l'autre est tournée vers le haut, comme on le voit en gros plan sur la photo en bas)

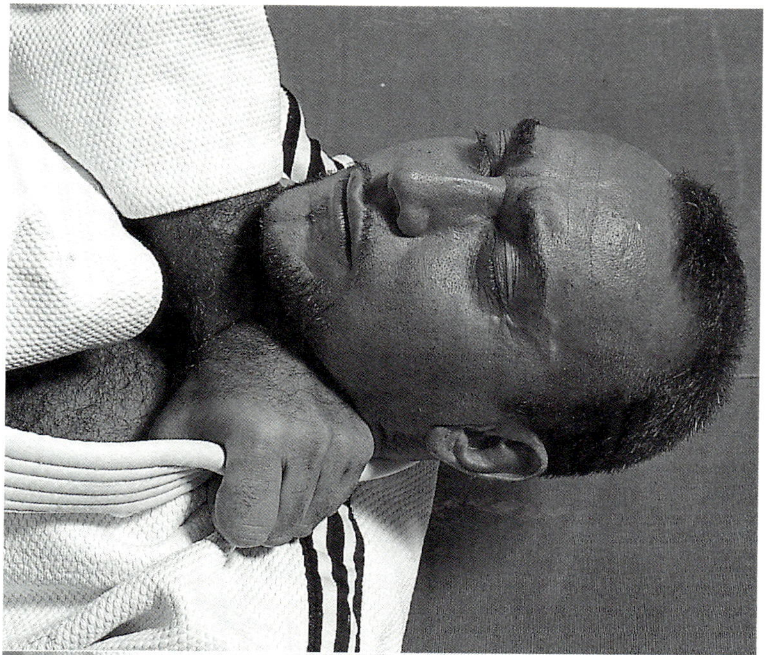

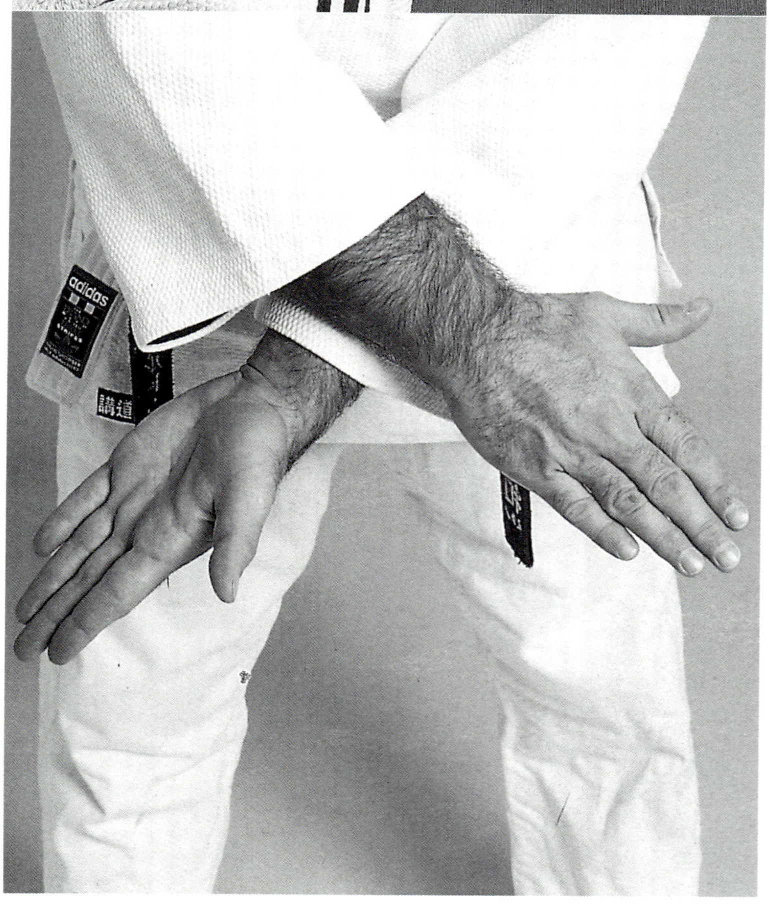

## HADAKA JIME* (étranglement à mains nues)

La technique s'effectue par-derrière : l'avant-bras droit de Tori comprime la gorge de Uke. Sa main gauche se trouve sur l'épaule de Uke, la paume tournée vers le haut, la droite, paume vers le bas, rejoint la main gauche

## OKURI ERI JIME* (étranglement par le revers)

Cette technique s'effectue soit par-derrière, soit latéralement.
La main droite de Tori passée devant la gorge de Uke le saisit à gauche par le revers, sa main gauche, passée sous l'aisselle gauche de Uke, agrippe son revers droit

## KATA HA JIME* (étranglement en contrôlant un côté)

Cette technique s'exécute par-derrière ou sur le côté. La main droite de Tori agrippe le revers gauche de Uke, sa main gauche, passée sous l'aisselle gauche de son adversaire, s'enfonce dans sa nuque et la bloque par-derrière

## KATA TE JIME (étranglement avec le bras et la main)

On exécute cette technique soit par-devant, soit dans n'importe quelle autre position.
De sa main gauche, Tori agrippe le revers gauche de Uke et, faisant levier sur la prise, comprime son cou avec l'avant-bras

## RYO TE JIME (étranglement à deux mains)

On effectue cette technique par-devant.
Après avoir saisi le revers du judogi de Uke, Tori comprime son cou en faisant un mouvement de rotation latérale sur la prise

## SODEGURUMA JIME (étranglement par enroulement du revers)

Effectuée par-devant ou par-derrière, cette technique consiste pour Tori à saisir de sa main droite sa propre manche gauche et de sa main gauche sa manche droite et à comprimer entre ses avant-bras le cou de son adversaire

## TSUKKOMI JIME (étranglement en poussant avec une main)

On peut effectuer cette technique par-devant. La main droite de Tori agrippe le revers gauche de Uke tandis que de la main gauche il agrippe son revers droit. Tori pousse avec force avec la main droite sur le cou de Uke et de la main gauche il tire son adversaire vers lui

## SANKAKU JIME (étranglement avec les jambes en triangle)

On peut exécuter cette technique dans de nombreuses postures. Il faut toujours garder un bras de l'adversaire prisonnier à l'intérieur des jambes

## DO JIME (étranglement du corps en utilisant les jambes)

Ce mouvement se fait par-derrière ou par-devant. Les jambes de Tori compriment les côtes flottantes de Uke, lui coupant la respiration

**Technique non autorisée en compétition.**

## TROISIÈME GROUPE : KANSETSU WAZA

**Compte tenu de leur caractère dangereux, les techniques de luxation ne doivent être exécutées qu'avec prudence par les pratiquants.**

### UDE GARAMI* (luxation sur bras fléchi)

Tori saisit de la main gauche le poignet gauche de Uke ; puis, passant sous son bras, il saisit de la main droite son propre poignet gauche ; il soulève l'avant-bras droit et, tout en tenant fermement le poignet gauche de Uke, il effectue Kansetsu Waza

### UDE HISHIGI JUJI GATAME* (luxation avec contrôle en croix sur le bras)

Agrippant le bras droit de Uke, Tori place sa jambe gauche sur la poitrine de son adversaire, le pied passé par-dessus sa tête, la jambe droite de Tori est passée soit sous l'épaule droite de Uke, soit sur sa poitrine. Il est important d'effectuer l'hyperextension articulaire en tirant ou en poussant toujours dans la direction de l'auriculaire de celui qui subit l'action ; il faut bien fermer les cuisses et soulever le bassin pour accentuer le Kansetsu Waza

## UDE HISHIGI UDE GATAME*
## (luxation avec contrôle du bras sur le coude)

Tori comprime le coude de Uke en le ramenant sur sa poitrine ; il s'aide pour ce faire de ses jambes qu'il a passées autour de la taille de son adversaire

## UDE HISHIGI HIZA GATAME*
## (luxation avec contrôle du genou sur le bras)

Après avoir saisi le bras droit de Uke, Tori place son genou gauche sur le coude droit, il appuie le pied sur le côté droit de Uke au niveau de la ceinture, et contrôle du bras gauche le bras droit de Uke et le comprime vers le sol

## UDE HISHIGI WAKI GATAME
## (luxation avec contrôle de l'aisselle sur le bras)

Après avoir saisi le bras gauche de Uke, qui est en pronation, Tori place son aisselle sur son triceps et, en s'aidant des deux bras, étire le coude de son adversaire

## UDE HISHIGI HARA GATAME (luxation avec contrôle de l'abdomen sur le bras)

Uke est à quatre pattes. Tori accroche avec sa jambe gauche le bras droit de Uke et place son pied derrière le genou droit de son adversaire. Tori s'arc-boute et effectue un mouvement d'hyperextension en utilisant son abdomen

## UDE HISHIGI ASHI GATAME (luxation avec contrôle de la jambe sur le bras)

Après avoir saisi le bras gauche de Uke, Tori le place sous sa jambe gauche et, en appuyant dessus en direction du sol, il effectue l'hyperextension articulaire

## UDE HISHIGI TE GATAME (luxation avec contrôle d'une main sur le bras)

Tori saisit avec la main droite le bras gauche de Uke en la passant sous son bras, puis il effectue l'hyperextension articulaire

## UDE HISHIGI SANKAKU GATAME
## (luxation avec contrôle en triangle sur le bras)

Tori est en position comme pour exécuter Shime Waza, mais ici il saisit le bras droit de Uke pour effectuer l'hyperextension articulaire

## ASHI GARAMI*
## (enroulement de la jambe)

**Technique non autorisée en compétition.**

1.
Uke est debout ; Tori enroule sa jambe gauche autour de la jambe droite de son adversaire

**2.**
Tori contraint Uke à tomber en avant en poussant avec la jambe gauche et en roulant sur le côté droit ; il effectue Kansetsu sur le genou droit de Uke

# TABLE DES MATIÈRES

*Achevé d'imprimer en juin 2002*
*à Milan, Italie,*
*sur les presses de Grafiche Milani*

*Dépôt légal : juin 2002*
*Numéro d'éditeur : 7626*